Emmanuel Junior MONTINA

Mes simples GRANDES décisions

II

Mes simples grandes décisions
© 2022 by Emmanuel Junior Montina
is licensed under CC BY 4.0.
To view a copy of this license,
visit http://creativecommons.org/licenses/by/4.0/

Sommaire

Prologue 7
Les décisions qui m'ont vraisemblablement conduit là où je suis 11
Parlons d'abord de ma décision d'abandonner la télévision . 13
Décision de ne plus fêter mon anniversaire 17
Décision de ne plus consommer d'alcool 19
Décision de ne plus consommer de boissons gazeuses. 20
Décision de ne plus acheter les bouteilles d'eau 21
Décision de ne plus écouter les nouvelles à la radio 22
Décision de ne plus boire de lait 26
Décision d'abandonner l'usage du smartphone 28
    Le contrôle 30
Décision de ne plus être multitâche 33
Décision d'arrêter certains entrainements 35
Décision d'abandonner le lit 38
    Images du lit devenu canapé 41
Décision de ne plus me raser 44
    Et voici le contenu de la lettre : 46
Décision de m'approcher du minimalisme 51
Décision de ne pas rire de toutes les blagues 55
Décision de ne pas utiliser certains mots 58
    Le nouveau monde 60

- Construire son lexique 62
- Pourquoi l'arc-en-ciel ? 64
- Dilemme des mondes 66
- Battus par les flots mais ne sombre pas 67
- La sagesse de l'ombre 68

Et voilà! 71

Attention! 71

Épilogue 73

Toutes les décisions sont des dépouillements 73

- Pour se renseigner du Mouvement SVM SVMVS auquel je fais partie 78

VI

Prologue

Si l'on considère la vie comme un segment orienté de la naissance à la mort, il sera aisé de raconter la vie de quelqu'un que l'on connait juste en balayant continument les points entre le départ et l'arrivée. S'il est vrai que les événements viennent tous suivant une chronologie précise, on ne sait pas forcément comment viennent les idées, les rêves, les perceptions… La tâche devient encore plus difficile quand quelqu'un doit parler de soi surtout s'il est pris entre la crainte de ne pas en dire assez et celle d'en dire trop.

Voilà mon défi. Alors en guise de biographie, je vous décris un peu ma vue de la vie.

Je sais qu'il y a bien des choses que je ne peux pas contrôler... J'aime bien quand les vents m'emportent au bon port. À bien des égards, je suis un peu fou. Fou dans mes fantasmes, fou dans ma foi... Quels sont mes fantasmes ? Pour moi, ce sont des rêves très simples mais tellement drôles aux yeux des autres que je les appelle fantasmes. C'est par exemple faire le tour d'Haïti en aventure sans argent de poche... Je n'ai pas de perspective d'attirer les projecteurs ; d'ailleurs, ils sont assez déroutants. Je veux par exemple profiter de chaque instant, chaque souffle du vent, chaque goutte de pluie, chaque sourire d'un quelconque inconnu, chaque note de musique et aussi chaque brin de mélancolie. Je veux vivre entièrement.

J'ai déjà raté beaucoup de choses à cause de l'empressement, de la peur de l'échec ou à cause des "j'aurai peut-être le temps"... Mais aujourd'hui, je me laisse pénétrer par chaque petit geste anodin, contrariant ou favorable. Le chat a uriné sur mon coussin et mes vêtements... Que puis-je apprendre de cela ? Mais récemment j'ai cru apprendre qu'il y a des choses qui n'ont rien à enseigner. Des choses qu'on ne doit ni comprendre ni cerner mais juste sentir. Leçon délicate pour moi, je l'avoue.

J'ai peur d'avoir des regrets, des remords... Jusqu'à présent je n'en ai pas vraiment. Dieu merci. Trop souvent, nous passons juste à côté de l'essentiel. Parfois il ne suffit que de jeter un coup d'œil vers le haut afin de dénouer une situation... Mais ce n'est pas toujours évident bizarrement de faire un geste si simple. Autre peur : j'ai peur d'être trahi. Trop souvent on est trahi par soi-même, son cerveau, son cœur, sa faiblesse... Que dire d'être trahi par quelqu'un d'autre ?

Malheureusement, jusqu'à présent je n'arrive pas à contrôler mes rêveries... Et elles m'emmènent vraiment trop loin... Et puis la vie se défile, on ignore trop le lendemain pour prétendre pouvoir prendre une décision pour la vie. Quelle est la règle du jeu ? Je dirais qu'il ne faut pas perdre, c'est-à-dire qu'il faut continuer car il n'y aura pas de gagnant... De ce fait, j'essaie de jouer les coups sûrs... Mais je n'en connais pas beaucoup, sincèrement.

Je doute de presque tout ce que je sais, je pense qu'il vaut mieux parler de ce que je ressens. C'est plus fiable, plus simple.

Les décisions qui m'ont vraisemblablement conduit là où je suis

Dès notre plus jeune âge, on nous répète que certaines décisions ont des impacts sur toute une vie. Étant façonné, moi aussi, de cette manière, j'ai pris des décisions comme tout le monde.

Par exemple, je viens de décider de partager avec ceux qui se donneront la peine de le lire quelques-unes des grandes décisions qui ont marqué mon existence. Attention ! Quand je parle de grandes décisions, cela n'a rien à voir au nombre de jours que j'ai pris pour pouvoir décider… D'ailleurs, avec quoi peut-on mesurer la grandeur d'une décision ? Y a-t-il un décisiomètre ?

Je crois que tout ce que j'appelle grandes décisions ne sont que des dépassements qui m'ont permis de comprendre les choses à un autre niveau. Chose étonnante, le plus important c'est que ces décisions sont pour la plupart des actions de dépouillement.

Dans une société où l'avidité et la cupidité sont si à la mode, parler de dépouillement peut bien sembler étrange. Certains vont jusqu'à dire que le dépouillement est une action de résignation ou d'appauvrissement. Et pourtant, j'ai fini par comprendre que l'état naturel des choses est la richesse, et que notre soif de gagner plus à tout prix est ce qui nous précipite vers la pauvreté.

« On ne nait pas pauvre, on le devient » dirait Simone de Beauvoir

Ou « L'homme est né riche, c'est la cupidité qui l'appauvrit » dirait Rousseau.

Je ne sais pas vraiment où commencer…

Parlons d'abord de ma décision d'abandonner la télévision

J'étais encore très jeune et comme la plupart des enfants de cet âge, j'aimais passer des heures à regarder la télévision. L'abandon de la télévision m'a permis d'éviter la colère que cause une coupure de l'électricité pendant que je regarde un film ou une émission intéressante. C'est la raison principale... il y a également d'autres raisons comme la frustration que j'ai pu éviter en cessant de me comparer à ces personnages-là qui ont l'air si intéressant.

Voici tout (ou presque tout) ce que j'ai gagné en abandonnant la télévision :

Outre les raisons évoquées plus haut qui sont des bénéfices directs, j'ai développé une certaine curiosité intellectuelle active. C'est important de préciser le caractère actif de cette curiosité. Car auparavant j'étais toujours excité par l'apprentissage d'une chose nouvelle en regardant la télévision... mais cette manière d'apprendre ne correspondait pas forcément à mes priorités, car si j'avais la liberté de changer de chaînes, je n'avais pas celle de choisir ce que les chaînes retransmettent.

Après avoir laissé la télévision, je me suis retourné vers les livres ; j'avais la possibilité de visiter des stands de quelques bouquinistes à Pétion-Ville et j'avais enfin la liberté de choisir tant au moment de l'achat qu'au moment de lecture. Certains livres que j'ai achetés sont restés fermés plusieurs années avant d'être lus.

À vrai dire, ce ne sont pas les livres que j'aime mais la connaissance. Sachant que les livres sont un moyen très efficace (le meilleur probablement) d'acquérir de la connaissance, j'ai pris la décision de m'adonner à la lecture. Je ne lis pas n'importe quoi. Je lis pour grandir.

L'arrêt de la télévision m'a permis aussi de me connecter davantage à ma réalité. Aussi étonnant que cela puisse paraître, se connecter à sa réalité, dans ce monde tel qu'il est, n'est pas une simple affaire. Depuis que je ne regarde plus la télévision, je m'intéresse davantage à ce qui me concerne autour de moi. Et je me dis pourquoi m'intéresser à la vie des petits du kangourou (que je n'ai jamais rencontré) alors qu'il y a la réalité des chiens errants dans mon pays que je ne comprends pas encore ?

L'abandon de la télévision ne voulait pas dire pour autant l'abandon des banalités cinématographiques. Alors que j'ai abandonné la télévision depuis la classe de seconde, tout étant à la faculté, je continuais à regarder des films sur mon ordinateur. Puis, un jour, alors que j'étais en quatrième année, j'ai annoncé à mes camarades que j'allais réduire le nombre de films regardés à deux par mois. C'était déjà, d'après mes camarades, une assez grande décision. Et pourtant, ce n'était pas si difficile de l'appliquer. C'est alors qu'en 2014, j'ai regardé moins de huit films, dont la plupart étaient en Espagnol car je pratiquais cette langue à l'époque. Et de 2015 à 2022, je n'ai pas regardé vingt films… Quand je parle de films, je mets dans le même panier tout ce qu'on peut appeler séries, feuilletons.

Pour les documentaires, ils sont en générale plus sérieux qu'un simple film commercial, mais ce n'est pas une raison valable d'en regarder sans cesse. J'ai aussi pris la décision d'en réduire le nombre. Ainsi, ces dernières années, je n'ai pas regardé plus de trois documentaires par an.

Le plus important n'est pas le nombre qui a été réduit mais ma perception de ces productions qui a vraiment évoluée vers ce qui me correspond le mieux. Sur ce, lors même qu'il s'agit d'un documentaire sérieux, fiable et instructif, je me demande si ça vaut vraiment la peine de lui consacrer une ou deux heures de ma vie. Je pense qu'il faudrait tout un autre texte pour disserter sur la façon dont je me suis orienté par rapport à ce que j'apprends. Toutes mes connaissances ne me sont pas utiles. Certaines me sont déjà assez nuisibles.

On prétend qu'en regardant les films on apprend beaucoup de choses. Jusqu'à présent je n'ai jamais rencontré quelqu'un qui a su apprendre quelque chose qui lui est utile juste en regardant des personnages jouer certains rôles définis par un réalisateur.

D'une part, quand un médecin me dit qu'il s'inspire des séries télévisées sur la médecine, je trouve que c'est une preuve de grande pauvreté intellectuelle ; car je comprends mal que quelqu'un après avoir étudié pendant plusieurs années n'a tellement pas d'imagination qu'il se fie à quelqu'un d'autre, qui a étudié toute autre chose, pour lui inspirer sur son propre domaine.

D'autre part, si l'on pouvait vraiment apprendre de cette manière ; je me demande pourquoi on continue à avoir des écoles. Mais aussi pourquoi tous les cinéphiles ne savent pas « naturellement » conduire une voiture, se défendre, cuisiner puisqu'ils regardent les personnages des films faire ces choses ?

Je crois qu'il est important de savoir faire la différence entre reconnaître quelqu'un qui fait quelque chose habilement et savoir faire soi-même la chose. Justement, regarder des gens pratiquer un sport peut m'aider à comprendre les principes du sport ou à remarquer quelqu'un qui y est habile ; mais cela ne saurait être un entrainement en soi. Sinon, les cinéphiles seraient les gens les plus doués et les plus polyvalents au monde.

J'ai pu comprendre aussi que les productions cinématographiques ne sont pas innocentes ; ce sont des canaux sponsorisés et orientés pour nous captiver l'esprit (c'est-à-dire le rendre captif). Alors, quelqu'un qui aspire à vivre sa liberté doit vraiment penser à se dépouiller de cette pratique qui nous programme les yeux et qui nous bombardent l'esprit. Un esprit sain dans un corps sain.

Décision de ne plus fêter mon anniversaire

Mes parents avaient l'habitude de nous organiser des fêtes à l'occasion de nos anniversaires. J'ai trouvé bon de fêter ce jour qui me paraissait toujours hors du commun. Un gâteau, quelques boissons, se prendre en photo, chanter, etc… Cela n'a rien de mauvais en soi. Mais l'importance que j'y accordais m'a poussée jusqu'à vivre des attentes non comblées donc des déceptions. Oui, comme par exemple, le jour de mon anniversaire en 2012 je m'attendais à un jour plutôt spécial ; or il l'était vraiment de la manière la plus malheureuse. C'est alors que je me suis posé la question pourquoi m'attendre à quelque chose de particulier en ce jour.

Il est facile de dire qu'on ne vivra pas ce jour deux fois dans sa vie. Mais aucun autre jour ne peut être vécu deux fois. Donc cela n'a rien de spécial jusqu'à présent. Certains disent que ce jour-là est spécial car c'est le jour où tu es venu sur terre. Je comprends que le jour où je suis venu sur terre est un peu spécial. Je l'admets. Mais qu'est-ce qui prouve que je sois venu réellement ce jour ? Si mes parents s'étaient trompé de date, ou pour une raison que j'ignore me l'avaient cachée, je n'aurais pas vraiment moyen de vérifier. Donc je considérerais un autre jour (spécial ?) pour mon anniversaire. Si tel n'est pas le cas, est-ce une raison d'avoir des attentes par rapport à ce jour ? Je ne le crois pas. Je pense que, de manière personnelle, suivant la spiritualité de la personne concernée, elle peut voir en ce jour un point de repère, un jour de méditation, etc… Soit ! En ce qui me concerne, je crois en l'Éternité ; or elle n'a pas de calendrier.

D'autres disent que le jour est spécial car c'est le jour qui marque une année de plus sur mon âge. À vrai dire ce jour le marquerait si vraiment les années étaient tout à fait régulières mais ce n'est pas le cas ; une année (c'est-à-dire le temps que prend la Terre pour faire une révolution complète, d'après la littérature correspondante à cette conception) n'est pas d'un nombre de jours exacts. C'est pourquoi d'ailleurs certaines ont un jour de plus (le 29 février des années bissextiles). Nul besoin d'entrer dans tous ces détails pour comprendre que le jour qui précède l'anniversaire est lui aussi spécial, car sans lui l'année de plus manquerait un jour. Et le jour suivant l'anniversaire est aussi spécial, c'est le seul jour qui te donne exactement un an et un jour de plus. Pourquoi ne pas le fêter non plus ?

Et puis, il y a ce caractère d'hypocrisie et de culte de personnalité dans les fêtes d'anniversaires. Des paroles du genre « c'est ton jour, profites-en » ne sont que flatteuses et illusoires. Qui suis-je pour prétendre avoir un jour ? Quel peut être le vrai sens d'un tel mensonge ? Comment quelqu'un pourrait-il avoir un jour ? Moi, je n'ai nullement besoin qu'on me flatte. J'ai besoin d'amis sincères qui me parlent en toute franchise. Je vis les jours, aucun d'eux ne m'appartient. Je ne peux décider si le soleil va se lever ou se coucher. Je ne peux que l'accepter. Comment pourrais-je prétendre avoir un jour ?

Pourtant, je n'ai aucun problème que quelqu'un me souhaite un bon anniversaire, c'est comme me souhaiter une bonne journée. Je ne trouve pas que c'est un mal de fêter son anniversaire mais je trouve que c'est encore mieux de vivre chaque jour pleinement en toute sincérité, sans flatterie.

Décision de ne plus consommer d'alcool

Je n'ai jamais été un grand buveur d'alcool ; je prenais une ou deux bières par mois, du liqueur, cocktail, crémas ou vin dans certaines occasions. Je savais que la consommation de l'alcool n'était pas une bonne habitude, mais je me disais que la modération suffisait pour me garder à l'écart des problèmes qui pourraient s'ensuivre.

D'ailleurs on prétend que le corps a besoin d'une certaine quantité d'alcool, ce qui s'est révélé faux d'après mes recherches. Alors, je me suis dit que j'avais beaucoup plus à gagner en cessant la consommation de l'alcool même à petite quantité. Sur ce, j'ai appris à rester moi-même, sobre et lucide, même dans un milieu où il y a des boissons en abondance et des buveurs généreux. Le premier avantage pour moi est un niveau de maîtrise de soi assez intéressant. Ce qui m'inspire à me maîtriser encore par rapport à d'autres influences. Un deuxième avantage, non pas des moindres, est un meilleur contrôle de mes dépenses. Car quand on boit de l'alcool, on a tendance à en boire davantage et à offrir même à celui qui le vend. Ne pas en consommer m'épargne de cette folie de dépenser à l'aveugle pour quelque chose de si nocif pour la santé.

Décision de ne plus consommer de boissons gazeuses.

Les boissons gazeuses contiennent une quantité énorme de sucre raffiné, ce qui est un violent poison pour le corps humain. Plusieurs études ont déjà confirmé le lien existant entre la consommation de sucre et des problèmes de santé tels que le diabète, les maladies cardiovasculaires, les caries dentaires, l'obésité. Ne pas en consommer est déjà un avantage sur le plan de la santé.

Sur le plan économique, il y a un autre avantage ; celui d'épargner au lieu d'acheter un poison. À la place des boissons gazeuses, j'ai pris l'habitude de boire de l'eau, et encore de l'eau. Ce qui est un très bon choix.

Décision de ne plus acheter les bouteilles d'eau

Pas la peine d'expliquer que les sachets d'eau sont très douteux. D'ailleurs, ils prennent facilement le goût de l'endroit où ils ont été en contact après un certain temps. Quant aux bouteilles d'eau, elles sont peut-être plus fiables, mais ce n'est pas une garantie. Elles n'affichent aucun certificat de vérification sur leurs étiquettes. Soit qu'elles cachent le mérite qui leur revient soit qu'elles n'en n'ont pas du tout.

À qualité égale, je préfère celle qui coûte le moins. Pour une même marque de bouteille d'eau de moins de 0.5 L qui coûte 30 gourdes (soit 60 gourdes le litre), le gros gallon de 19 L coûte 150 gourdes (soit moins de 8 gourdes le litre). Ce qui revient à dire que 0.5 L coûterait normalement moins de 4 gourdes... alors quand je paie une bouteille d'eau au prix de 30 gourdes, où sont passés les 26 gourdes restantes ? À chaque fois que je bois une bouteille d'eau, je finance à raison de 26 gourdes la pollution que fera la bouteille plastique qui a plus de chance d'être quelque part dans l'environnement que d'être recyclée ; une partie de ces 26 gourdes vont aussi dans les poches du commerçant qui a beaucoup plus à gagner en vendant ces bouteilles qu'en vendant les gros gallons ; une autre partie pour financer la délinquance dans mon pays, puisque je n'ai jamais vu ces commerçant investir dans la formation de jeunes mais plutôt dans la promotion de slogans dévalorisants par l'intermédiaire de certains prétendus artistes ; enfin, une partie de ces 26 gourdes financent des politiciens mafieux et corrompus qui n'ont pas la décence de défendre le pays ni le courage de stopper les commerçants déloyaux et rétrogrades.

Alors, j'achète un bon bidon de 1.4 L qui me coûte moins de 500 gourdes. Je fais le plein chaque matin, et je le mets dans mon sac. Je l'ai depuis plusieurs mois. Sa contenance correspond à environ 3 bouteilles d'eau. Ce qui me ferait 26X30, soit 780 gourdes qui seraient investies dans le mal après un mois à boire la quantité d'eau si je continuais à acheter les bouteilles d'eau.

Décision de ne plus écouter les nouvelles à la radio

Certains vont trouver cela absurde, puisqu'ils croient qu'en écoutant les nouvelles à la radio on « s'informe ». Pas la peine de faire toute une littérature pour vous rappeler qu'entre les nouvelles et les informations il y a une montagne de différences. D'abord si on prend le temps de rendre un hommage mérité à ce fameux philosophe du nom de Socrate, on se souviendra du test des trois passoires. La passoire de la bonté, celle de l'utilité et celle de la vérité. Si ce que la radio a à me dire n'est ni bon, ni utile, ni vrai, pourquoi l'écouter ? Un petit rappel sur les dernières nouvelles que vous avez entendues, lesquelles sont bonnes, utiles ou vraies ? Ces soi-disant journalistes qui se font passer pour des héros, pourtant qui ne sont que des zéros, en prétendant détenir « des informations sensibles » de « sources non-révélées » n'auront pas mes oreilles à leur chantage. Et pourquoi dominer mon esprit par ces verbiages dès l'aube du matin ? En me réveillant, je rends grâce au Créateur, je pense à mes parcours de la journée, je fais une bonne lecture sur de bons, utiles et vrais sujets. Je ne me laisse pas emporter par les faux-débats alimentés par ceux qui se disent « meneurs d'opinions ». Ils le sont peut-être, mais pas pour moi.

Si vous prenez juste quelques minutes pour écouter une soi-disant information relayée par ces soi-disant médias, vous remarquerez qu'en générale elle n'avait rien à vous apprendre ou ce qu'elle vous apprend ne fait que nuire à votre santé morale et mentale. Regardons un simple exemple publié par un média qui se dit « authentique » et voyons ce qu'il dit réellement.

L'Obs
3 mars, 11:41

Une source du Pentagone évoquait mardi 1er mars le mauvais moral des soldats russes, dont nombreux sont des conscrits. Au point que certains auraient rendu les armes ou saboté leur propre matériel.

NOUVELOBS.COM
Préparation, réalité du terrain, cohésion... Ce que l'on sait sur le moral des troupes russes

D'où vient « l'information » ?

D'une source.

Laquelle ? Un porte-parole, un secrétaire, un directeur ? Un cuisinier du Pentagone ? N'importe qui circulant sur la cour du pentagone est une source du Pentagone. Donc une source du Pentagone ne veut rien dire

Combien de soldats ?

Nombreux.

Dix, vingt, un millier, la majorité ? Quand un média dit de « nombreux » soldats, ça ne veut absolument rien dire sinon que ce n'est pas un seul soldat. Nombreux n'a jamais été une quantité, pas même une approximation. Il n'a donné ni un pourcentage, ni une portion… simplement un mot qui porte à confusion.

Ont-ils rendu les armes ?

Non, ils les **auraient** rendues. Cela ne veut absolument rien dire.

Et voilà comment ces soi-disant médias prétendent nous informer en ne disant absolument rien. Arthur Rimbaud a dit : « Que j'aille à la mer ». Moi, à propos de ces médias, je dis : « Qu'ils aillent en Enfer »

Cependant, j'ai un abonnement de journal écrit. Ce n'est vraiment pas la même chose. Avec le journal écrit, je survol les titres rapidement ; je laisse de côté tout ce qui me parle de ces soi-disant dirigeants sans scrupule, de ces soi-disant économistes qui ne font que des opérations arithmétiques de base (les enfants du primaire le font aussi bien, sinon mieux), de ces soi-disant artistes qui ont porté tel sous-vêtement en telle occasion… je me focalise sur des articles qui parlent de culture, d'économie (dans le vrai sens du terme), d'histoire, etc… ; je regarde aussi les offres de formations de certains centres. Je découpe les textes à conserver et je fais du papier mâché avec le reste.

Les avantages que j'en tire : En commençant ma journée, mon esprit est exempté de toutes ces souillures qui font la une. Ainsi, je peux mieux réfléchir sur des choses qui importent pour moi. Le Créateur m'épargne la connaissance de certaines personnes et de certains événements populaires qui ne font qu'empirer notre situation générale dans la société.

Décision de ne plus boire de lait

Cette décision a été dans un premier temps lié à un problème de santé en 2018. Je souffrais d'une hépatite ; et dans ces cas, on recommande en général au patient de ne pas consommer de produits laitiers. Plus tard, après mon traitement, j'ai pu découvrir que le lait n'était pas vraiment important dans l'alimentation d'un adulte. Il n'est peut-être pas forcément nuisible dépendamment de l'activité physique de la personne.

Sur ce, je me suis demandé plus d'une fois si je dois abandonner sa consommation ou la maintenir. Voilà ce que j'ai pu trouver comme élément de réponse : Le lait que nous consommons dans notre pays n'a rien à voir avec du lait sinon que les deux sont à peu près de la même couleur, quant au goût, le débat est ouvert.

L'une des réponses que j'ai pu trouver aussi est une question : pourquoi l'homme se nourrit-il du lait d'une autre espèce ? L'homme étant, semble-t-il, l'animal le plus évolué devrait pouvoir nourrir les autres espèces de son lait et non l'inverse... Et, pourquoi c'est celui de la vache forcément comme les publicités le prétendent ? Pourquoi pas du lait de la chienne, de la truie, de la baleine, de la chatte... ? Je n'ai pas les réponses, cependant la vache qui rit sur les emballages n'a rien à voir aux vaches qui produisent ces produits soi-disant laitiers.

Un coup d'œil sur une ferme où des dizaines et des dizaines de vaches affreuses où leurs malheureuses mamelles sont branchées dans des tubes en permanence. Ces vaches connectées rendent du « lait » tandis qu'elles ingères des antibiotiques et autres substances qui les gardent toujours en état de « gestation » et « survivantes » pour qu'elles continuent à pomper le liquide blanchâtre : essence d'une certaine machinerie économique.

Dans ces conditions, aucun problème avec le lait de vache en soi... pourvu qu'il soit au moins d'une vraie vache. En attendant, ce liquide blanchâtre emboîté ne m'aura pas pour client. C'est alors que je comprends que beaucoup des plats que nous préparons à la maison n'avaient jamais besoin de lait pour qu'ils soient servis. La bouillie, le chocolat, l'akasan, le café (que je ne consomme pas non plus) ne sont ni désagréables à la bouche, ni laids à la vue quand ils n'ont pas de lait. Et enfin, c'est plus économique et moins indigeste sans lait.

Décision d'abandonner l'usage du smartphone

Que c'est beau de voir la publicité qui vous dit que désormais avec cette appareil le monde est dans votre main ! J'ai longtemps cru à cette fable dont la morale n'est que : « Méfiez-vous de moi ». En effet, s'il est vrai qu'un appareil peut me mettre le monde à la main et puisque je ne suis pas le seul à l'utiliser, alors je suis entre les mains de beaucoup de gens moi aussi sans que je ne le sache pas. Soit ! Puisque ce n'est pas plus qu'une mauvaise fable, la réalité est toute autre.

Cette obsession du smartphone en particulier conduisent des gens assez cultivés à se comporter en gros débiles. Quelque part, dans un restaurant des amis autour d'une même table sont chacun fixé à l'écran de leur petit appareil ; contemplant le monde qu'ils n'ont pas et méprisant celui dont ils font partie. Ce cas arrive même en famille… Ce n'est pas l'appareil en soi le problème ; le problème c'est l'idée que nous en faisons. Car nous croyons à tort qu'avec cet appareil qu'il n'est plus nécessaire de visiter des amis car on peut juste envoyer un message instantané. Un message instantané c'est bien, mais cela ne remplace pas une bonne visite réelle. Nous croyons qu'il suffit de consulter une carte routière en ligne pour se rendre quelque part ; c'est très bien la carte routière en ligne, mais prendre le temps de côtoyer les habitants d'un quartier encore inconnu à tant de découvertes à offrir. Mais le pire dans tout ça, c'est quand nous croyons qu'il n'est plus nécessaire de faire une bonne planification car on aura le temps d'en parler sur « le groupe ».

Face à toutes les violences que j'ai subies par le smartphone ; les annonces, les notifications, les invitations arrogantes… Dans un premier temps, j'ai pris la décision de configurer mon écran en mode monochromatique (noir et blanc), moins de couleur : moins de distraction. Dans un deuxième temps, j'ai abandonné Whatsapp, la fameuse application de messagerie instantané où trop de personnes se prennent pour des journalistes de seconde zone et publient des « nouvelles » qui n'ont rien de nouveaux à m'apprendre et qui ne me concernent surtout pas. Mais avant d'abandonner Whatsapp, j'ai essayé Telegram cette application qui donne les mêmes services voire plus avec plus de respect quant à l'usage du stockage de l'appareil. Les gens étant moins actifs sur Telegram, c'est un espace mieux approprié pour moi que j'utilise jusqu'à présent (j'utilise la version PC car c'est moins envahissant et plus pratique pour moi quand je dois taper un message). En dernier lieu, j'ai laissé le smartphone, qui n'a jamais été vraiment si intelligent qu'on le prétend. J'ai un téléphone ordinaire et ça me va. Avec ce téléphone, quand j'ai quelqu'un en ma compagnie, je n'ai aucun prétexte pour le mépriser, car il n'y a rien qui se passe dans mon écran.

Je vous propose de lire ce texte intitulé « Le contrôle » que j'ai écrit lors des annonces du patron de Whatsapp concernant l'usage des données personnelles de ses clients-cobayes. Ce à quoi ces derniers semblaient s'opposer sans en comprendre le moindre détail. Certains en ont profité pour ajouter une ou deux autres applications sur leurs appareils…

Le contrôle

    Nous n'avons pas l'idée comment nos décisions sont orientées par des tiers que nous ne connaissons nullement. Nous vivons à une époque où le déterminisme n'est plus à démontrer ; ce que nous croyons aimer, ce que nous croyons vouloir, ce que nous croyons refuser ne sont que des commandes que nous recevons de nos marionnettistes.

    De tous les temps, il y avait influence et manipulation ; soit dans le monde commercial à travers la publicité, soit dans le monde politique à travers les campagnes ou dans le monde artistique à travers des tendances, des figures emblématiques, des personnages charismatiques, etc… Tout cela n'est pas nouveau ! Mais aujourd'hui, la vie privée n'est qu'un ensemble d'informations personnelles certes, mais qui sont loin d'être privées ; car à travers des jeux, des publications, des « challenges », volontiers, certains les affichent au grand jour… Ce que la personne ne veut pas dire en privée, elle le dit publiquement même à ceux qui n'en voulait rien savoir.

Nous ne sommes plus au temps où il fallait faire passer des pages pour découvrir l'actualité. L'actualité marche seule et frappe en plein visage. Tout se mélange. Les domaines se confondent. Combien de fois a-t-on rappelé à quelqu'un qu'ici on discute de tel genre de sujets et non de tel autre ? Combien de fois un regroupement est formé pour une cause précise mais la persévérance des causes intruses n'a fait que travestir (corrompre) l'idée principale ?

Aujourd'hui, nous constatons que beaucoup de débats sont clos au nom de la tolérance. Comme quoi, il faut accepter l'autre avec ses différences. D'accord, mais faut-il pour autant éviter de parler des différences ? Comment se fait-il que certains sujets sont poussés sous les projecteurs et que d'autres doivent être à tout prix passés sous silence ? Peu importe qu'il s'agisse de manipulation conspirationniste ou pas ; mais il est important de se demander où sont les limites et comment sont-elles définies. Au nom de la liberté, certains s'affichent... Et au nom de cette même liberté, on impose à d'autres de se taire ou de se masquer d'une certaine manière. Qu'est-ce qui motivent nos politiques ? Où vont-ils avec notre dignité ? Qu'est-ce qui noud reste dans notre quête d'individuation ? Ne pas parler des problèmes est-ce vraiment les résoudre ? Pourquoi la prétendue liberté est plus favorable à ceux qui s'accommodent qu'à ceux qui sont hors du courant (ceux qui sont plutôt libres) ?

Plus le temps de penser, des entreprises (lesquelles ?) s'en chargent. L'imagination est devenue stérile depuis que les images venant de l'extérieur (mais de qui ?) ont pris les rênes. Le bourreau a changé de nom et ses esclaves se croient affranchis. Les fanatiques des nouveaux dieux se disent athées. Le dogme à la mode s'érige en référence contre tout ce qu'elle définit comme croyance dogmatique. C'est la fuite de la réalité, la poursuite de ce qui se passe ailleurs (mais nulle part réellement). La machine marche, rien ne se perd, tout y est transformé. C'est la promotion d'un avenir où tout (?) sera plus facile. Mais qu'est-ce qu'on cherche à faciliter réellement et en faveur de qui ?

Reprenons le contrôle car tout ne se passe ici. Pour combien de temps courrons-nous encore ? L'avenir promis nous concerne-t-il vraiment ? Après tout, à la fin, qu'elle sera notre part ? Nous avons la responsabilité d'être l'acteur de notre propre vie. Car quand viendra le temps d'une autre mode, la nature vraie de notre humanité ne sera pas balayée si elle reste proprement égale à elle-même.

Décision de ne plus être multitâche

Être multitâche, considéré comme un atout dans le monde d'aujourd'hui, n'est pas forcément quelque chose de bon, d'après ce que j'ai pu comprendre. Je me vantais toujours pouvoir faire plusieurs choses à la fois et je supportais mal l'idée que quelqu'un devait finir une première chose avant de passer à une autre. J'avais l'habitude de manger tout en consultant des messages de mon téléphone, ou d'écrire en essayant de tenir une conversation qui n'a rien à voir avec ce que j'écrivais, et je savais relever bien d'autres faux défis encore. Jusqu'à ce que j'apprenne que les moines, semble-t-il, prennent le temps de faire chaque chose séparément. Facile à comprendre ; ils n'ont peut-être pas grand-chose à faire loin des pressions sociales, ils n'ont pas d'examens à corriger, ni de courses à faire contre le temps ou le coût de la vie... ils méditent, puis vivent simplement. Vivre d'abord, méditer ensuite diraient ceux qui ne sont pas moines.

Moi, n'étant pas moine, je croyais que je devais toujours courir entre les soucis de la vie ; il faut être performant au boulot, à l'école, dans la vie personnelle, etc… et comme le temps passe vite, à défaut d'avoir un temps pour chaque chose, je tentais de tout faire en même temps. C'était quand-même bien d'accomplir mes études universitaires, des cours en ligne et d'assurer les tâches de mon travail (presqu'en même temps). Je me livrais aussi à des entrainements (jusqu'à sept par semaine) dans plusieurs arts martiaux différents. Il y avait toujours des urgences à ce moment de ma vie. Chaque message devait être répondu dans l'immédiat, il ne fallait rater aucune opportunité, ne jamais être en retard, toujours en avance… Résultat : frustration, stress, fatigue chronique, surmenage, etc…

Alors, sans devenir moine, j'ai commencé par prendre la décision de fermer mon téléphone quand je travaille. Et aussi, de fermer mon cartable quand j'étais au téléphone. Résultat : Je travaille mieux, sans distraction... Et je converse mieux au téléphone sans le stress d'un travail inachevé. Cette décision m'a conduit aussi à adopter un jour sabbatique : le lundi. Je profite de ce jour pour jeûner, faire une préparation globale de la semaine, faire la grasse matinée. Un jour pour regarder les autres jours avec beaucoup plus de recul. À présent, je tiens cette manière de faire monastique comme un principe de vie ; quand je parle avec quelqu'un je lui donne toute mon attention, quand j'écris, je m'y donne entièrement. Et j'ai pu comprendre qu'on ne peut pas vraiment donner son attention à plusieurs choses à la fois. Oui, on peut faire plusieurs choses à la fois, mais pas en y donnant son attention. Depuis que j'ai pris cette décision, moins de stress (ou une seule source de stress à la fois), plus de performance, moins de fatigue, plus de calme face aux soucis du quotidien. Tous ces avantages sont vraiment à considérer surtout pour celui qui n'est pas moine.

Décision d'arrêter certains entrainements

Comme expliqué plus haut, je m'entrainais plusieurs fois par semaines voire jusqu'à trois fois dans la journée. Pourquoi tout cela ? Certains trouvaient mon assiduité à ces entrainements tellement extraordinaires qu'ils croyaient (avec raison) que je préparais une attaque. Ce à quoi je réponds par l'affirmative ; je me prépare pour affronter toutes les formes d'agressions qu'elles soient physiques, spirituelles ou intellectuelles. Je savais que par un train de vie discipliné et une âme aguerrie (comme il est dit dans notre hymne national), je me garantirais un minimum de sécurité.

Depuis que j'ai commencé avec les entrainements physiques, d'abord en suivant les leçons de certains livres. Puis en faisant du karaté, j'avais encore plus de confiance et d'assurance en moi. En effet, le fait de suivre des entrainements où, volontairement, on affronte la souffrance et la fatigue jusqu'à la limite de nos capacités physiques, induit une certaine dimension supérieure qui pousse à pouvoir résister à certaines pressions de l'existence.

Ne pas avoir peur ne veut pas dire avoir toujours la certitude de sortir vivant d'une situation ; mais c'est surtout une nouvelle disposition d'esprit qui permet d'affronter n'importe quelle circonstance (j'ai bien dit, n'importe) en toute dignité. C'est-à-dire on peut être sans aucun moyen de se défendre et de vaincre mais on garde toujours la réserve, forgée au bout de tous ces entrainements, qui permettra de ne pas baisser la tête et, s'il le faut, mourir en entier (comme il est dit dans notre hymne national). Mieux vaut mourir en entier que de vivre à moitié.

Ma conception sur cet aspect qui me motivait à m'entrainer fougueusement n'a pas changé. Cependant, le fait de suivre plusieurs séances, chacune de deux heures au moins, avec divers maîtres et méthodes différentes, me donnait l'impression d'être constamment épuisé. Il arrive même que je ne trouve pas assez de temps pour me perfectionner et insister sur des détails qui ne sont pas des moindres. Sur ce, j'ai pris la bonne décision d'arrêter tous mes entrainements et de me focaliser sur une certaine transition nutritive que je tentais depuis quelques mois voire année. Cette transition n'était pas encore accomplie mais elle devenait de plus en plus claire. De là étant, j'ai fait les démarches pour que je recommence un seul des entrainements, une fois par semaine, dans un endroit plus près de chez moi qu'auparavant.

Depuis lors, j'avance assez bien, sinon très bien, avec l'unique entrainement que je prends et j'ai assez de temps durant la semaine pour réviser les techniques apprises. Cela m'a permis d'être plus sûr de ce que je voulais accomplir et je sais que bientôt, peut-être dans un an encore, j'aurai la compétence d'ouvrir mon propre centre d'entrainement. Et puis, je recommencerai avec l'un des anciens entrainements que j'ai arrêté jusqu'à un certain niveau, puis un autre et ainsi de suite…

Voilà comment passer d'une approche parallèle ou en dérivation (plusieurs choses en même temps) à une approche en série ou séquentielle (une chose après une autre) peut bien faciliter de grands accomplissements dans plusieurs domaines. En tout cas, c'est ce que j'ai pu réaliser en prenant cette grande décision, l'une des plus grandes que j'aie prise. Et en grandissant (ou en vieillissant), j'ai pu remarquer que, puisque je n'aurai pas le temps de tout faire, je devais absolument choisir ce que je dois vraiment faire.

Cette démarche séquentielle est une formule classique que je n'ai pas hésité à appliquer dans beaucoup de domaines de ma vie. Quand je jonglais avec mes quatre grandes initiatives : Lab-Alpha, Bibliothérapie, Club Social et Proloc, c'est l'application de cette formule qui m'a permis de me focaliser sur Club Social, puisqu'il était la plus fragile des initiatives, jusqu'à ce qu'il soit stable et autonome avant de réactiver Proloc tandis que Lab-Alpha était en sommeil léger et Bibliothérapie en coma. Ce que je compte faire, c'est non seulement réveiller chacune de ses initiatives l'une après l'autre, mais aussi permettre qu'elles trouvent un tronc commun sur lequel elles pourront s'attacher. Ce tronc commun est en train de se former aujourd'hui, et il puise son fondement directement dans le Club Social.

Voilà comment quatre initiatives lancées indépendamment l'une de l'autre, à différents moments, avec de différents objectifs, n'ont pas pu rester éveillées en parallèle puisque la source qui les nourrissait ne pouvait répondre suffisamment ; mais aujourd'hui, elles se réveillent séquentiellement, et s'orientent vers une source commune où elles pourront s'alimenter et contribuer convenablement.

Décision d'abandonner le lit

Qui n'aime pas sauter sur le lit ? Pas moi en tout cas. Je n'ai jamais compris cette prétention qu'ont les adultes de penser que ce genre d'activités, telles que sauter sur un lit ou envoyer un tas de vêtements en l'air, revient uniquement aux enfants. Pendant longtemps, et jusqu'à présent, quand je trouve l'occasion, je ne me couche sur un lit qu'en me jetant comme dans le vide ; la sensation de rebond est tellement précieuse qu'il n'est pas envisageable de me l'interdire même après avoir abandonné l'usage du lit.

Tout commence en 2018 où j'étais en traitement médicale. Je n'avais pas l'énergie de m'entrainer, je passais les journées couché ou assis à avaler toute sorte de médicaments et à lire des livres longtemps stockés dans ma bibliothèque. Ma chambre étant trop petite pour un si grand lit, celui que j'avais, j'ai pris la résolution de le transformer en canapé. Je n'avais jamais vu un tel projet de bricolage. Alors avec le peu d'énergie que j'avais, j'ai commencé par couper le tissu du matelas. Arrivé à l'intérieur, j'ai pu remarquer les dizaines de ressorts alignés qui me faisaient sauter quand je me jetais sur le lit. J'ai pris alors des pinces coupantes et l'un après l'autre j'ai coupé une rangé de ressorts. La tâche était tellement difficile que j'ai dû me forcer de travailler avec la main gauche aussi. Les efforts m'ont même causé une entorse du poignet. Le lendemain j'ai continué en faisant plier le matelas par le médian (où j'avais coupé les ressorts) ; puis j'ai cousu un grand morceau de satin là où les entrailles du matelas étaient visibles. De part et d'autre de la ligne de pli médian, j'ai pu avoir un grand siège et un grand dossier comme celui d'un canapé.

Puis quelque temps après, j'ai cousu un fourreau vert et orange à la mesure de mon canapé. Non seulement mon meuble était beau, mais il était aussi confortable. Malheureusement je n'ai pas une photo où il était recouvert du fourreau. Des mois après, je trouvais que ce canapé était assez embarrassant ; le fait que j'aie vécu une si belle expérience m'était suffisant, je voulais donner le canapé à quelqu'un qui en avait plus besoin que moi. Mais puisqu'il était d'une grande utilité à la maison, surtout quand il y a d'autres personnes qui y passent la nuit, il suffisait de le déplier et de le retransformer en gros lit qu'il était auparavant, je l'ai gardé pendant un certain temps jusqu'au jour on a pu trouver quelqu'un qui était disposé à le récupérer.

De là, j'ai commencé mon aventure en utilisant un simple tapis de sport (plus précisément un tapis de yoga) en guise de couche pour passer mes nuits. Les avantages que j'en tire sont nombreux. Contrairement au lit, le tapis de sport n'a besoin ni de drap ni de fourreau ; car il est facile de le laver durant la journée et de le retrouver sec avant la nuit. Le tapis de sport ne prend pas beaucoup d'espace, il suffit de le rouler pour qu'il puisse se mettre même dans un sac à dos. Le tapis de sport est plus hygiénique ; imaginez-vous que, même en étant recouvert, le lit absorbe toute sorte de sécrétions nocturnes du corps. Avec le temps, ce fameux lit devient un réservoir où nagent des tas de bactéries en plein milieu d'une chambre supposée saine… En plus le lit n'a jamais été un simple objet, il est constitué du matelas, du cadre voire d'un extravagant « tête de lit » avec contour, pied, etc… Pourquoi toutes ces infrastructures pour risquer de cohabiter avec des microbes voire des punaises carrément autoritaires ? Un autre avantage du tapis : on ne risque pas de tomber même en roulant dans tous les sens pendant le sommeil. Et finalement, le tapis de sport constitue en soi un massage pour un corps épuisé qui s'y repose… Le fait de voir le tapis en allant se coucher et en se réveillant est déjà une motivation pour vivre en tant que sportif. Vu tous ces avantages, il est clair qu'à l'avenir je changerai peut-être de tapis mais, quant à moi, les fabricants de lits peuvent changer de carrière.

Images du lit devenu canapé

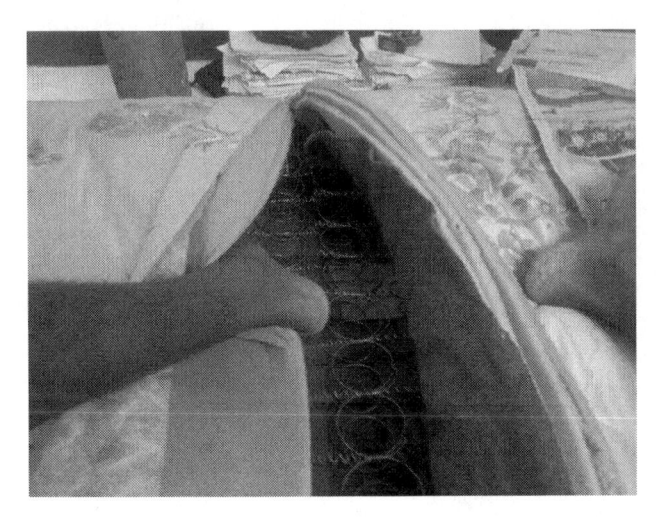

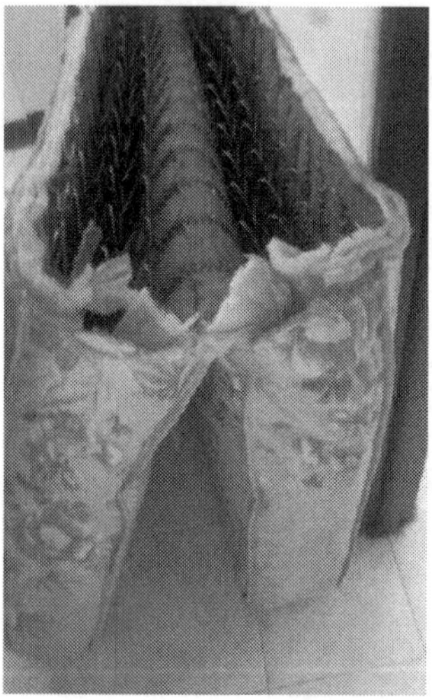
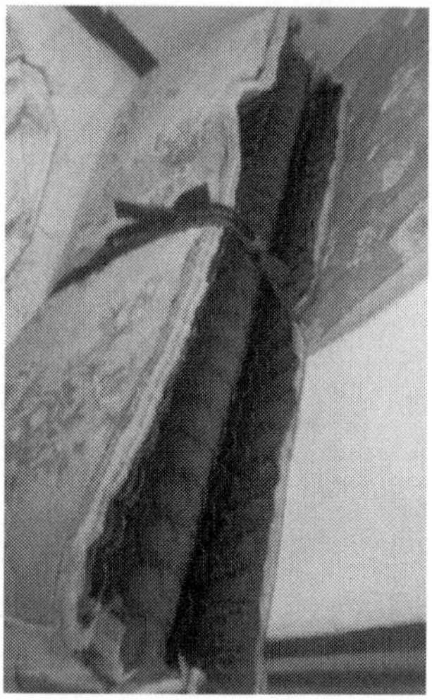
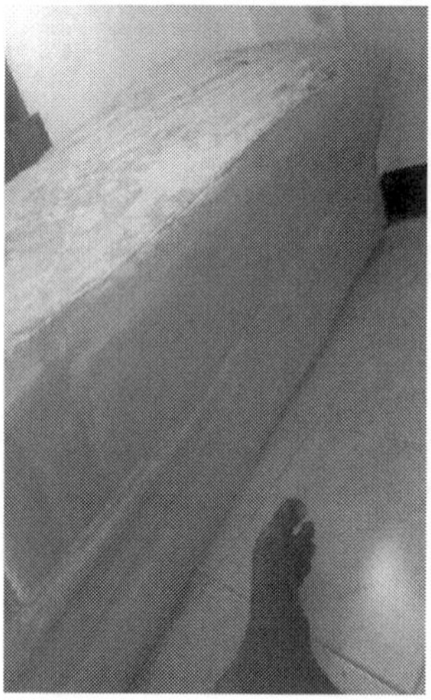
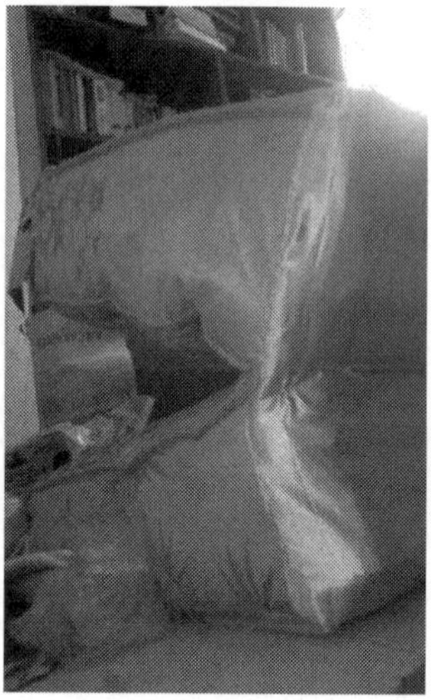

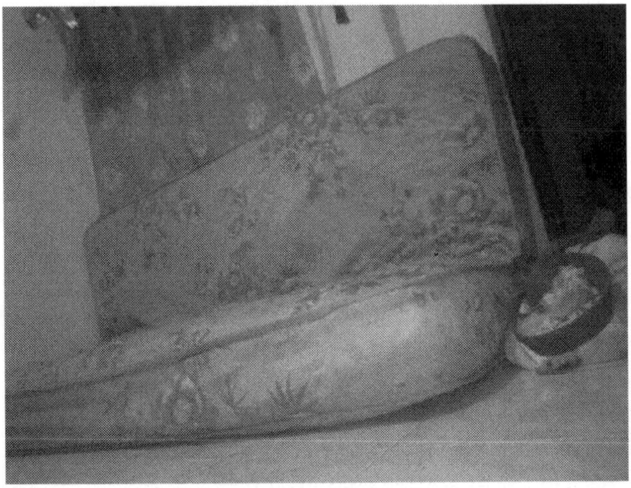

Décision de ne plus me raser

Comme tout enfant sage, on me rasait le crane chaque fois que mes cheveux n'atteignaient même pas encore 0.5 cm. Et précisément dans mon cas, cela se faisait chaque quinzaine. C'était un stress constant pour moi, m'asseoir et entendre une machine gronder sur ma tête, puis des cheveux sur tout le corps. Mes cheveux étant très crépus me donnaient également assez de peine quand je passais la brosse ou le peigne. Je voudrais que ça change.

Avec le temps, je me suis dit que c'est peut-être la seule chose que je changerais de mon corps ; mais en grandissant, j'ai pu comprendre que l'ensemble qui me forme, mes cheveux, ma hauteur, ma couleur, etc…, était d'une cohérence émanant de la volonté du Créateur, donc l'idée de changer quelque chose de cet ensemble me paraissait extravagant et carrément irrespectueux. Ainsi donc, j'ai appris à me réconcilier avec la texture de mes cheveux et aussi avec un ensemble d'autres éléments de mon corps qui me paraissaient inacceptables auparavant tels que : mes dents, mes sourcils, ma hauteur, ma grosseur, etc…

Dans un premier temps, j'ai résolu d'espacer le délai de mes rasages : un mois, puis deux, puis trois, jusqu'à six. Jusqu'au jour, fin 2018, j'ai décidé de ne plus me raser et de faire vœu de Naziréat. Depuis lors j'ai laissé pousser mes cheveux et ma barbe en espérant qu'ils vont s'arrêter arrivés à une certaine limite ; pour la barbe, oui, mais ce n'était pas le cas pour les cheveux qui ont commencé à devenir de plus en plus embarrassants et aptes à bien ramasser de la poussière des rues. Les cheveux en coiffure hippie devenaient de plus en plus difficile à se laisser peignés. Puisque je travaillais comme enseignant, certains voyaient ce style inapproprié pour un tel métier. C'est ce que mon ancien patron, directeur de l'école où j'avais le plus grand contrat, n'a pas manqué de me faire remarquer un beau jour de classe, le vendredi 3 janvier 2020.

Tandis que je m'apprêtais à entrer en salle, lui qui sortait m'a introduit dans une conversation du genre :

- Monsieur Montina, on devra vous demander d'aller chez le coiffeur

- Vraiment ? Je n'avais nullement cette intention

- Oui, mais on doit être des modèles pour les élèves

- Je le suis. Un modèle de professionnel, d'intellectuel. Pas un modèle de mannequin.

- Mais vous savez que c'est écrit dans les règlements ?

- Non. J'ai tout lu et c'est écrit nulle part. Je relis les règlements chaque année. Il faudra penser à le mentionner l'année prochaine. Je viendrai vous voir au bureau après.

- D'accord.

Ce jour-là, j'ai fait mon cours un peu comme d'habitude en prenant le temps de bien observer la classe car je savais que c'était fort probablement mon dernier jour avec eux.

Après la première période du cours, durant la récréation, j'ai rencontré Monsieur le Directeur dans son bureau, il m'a parlé avec beaucoup de respect et de prudence en m'invitant à ne pas être trop anticonformiste comme je le paraissais. J'ai cru comprendre assez bien ses soucis et je lui ai promis que je vais faire le nécessaire afin que tout aille pour le mieux. En revenant en classe, je savais que c'était le dernier moment que je passerais avec ces élèves. J'ai laissé un devoir, comme d'habitude, que je n'ai pas eu le temps de considérer. Dans l'après-midi, j'ai écrit ma lettre de démission et je l'ai envoyé le jour même sur l'email personnel du Directeur.

Et voici le contenu de la lettre :

Monsieur X

Directeur du Collège Y

En ses bureaux. -

Port-au-Prince,
vendredi 3 janvier 2020

Monsieur le Directeur,

J'ai le privilège de vous adresser la présente suite à la discussion que nous avons eu ce matin en votre bureau. D'abord, je dois vous dire combien j'apprécie le respect dans lequel vous m'avez fait part du sujet sur lequel nous discutions. C'est aussi pour moi un signe que nous avons une relation qui va au-delà d'un contrat de travail mais surtout un contrat de confiance et de franche collaboration. Sincèrement, j'en suis très reconnaissant ; car cette confiance m'a permis d'intégrer votre prestigieuse équipe malgré mon inexpérience.

Et, je dois le dire aussi, au collège, je me vois sur un terrain d'apprentissage et de développement de mes aptitudes pour un domaine que nous aimons qui est l'éducation. Ces simples mots tentent de traduire ma gratitude et aussi ma grande satisfaction.

Comme convenu, au terme de notre discussion aujourd'hui et considérant la qualité du travail que vous accomplissez avec le collège, tout mon devoir est de faciliter cette mission et d'y participer si peu soit-il à sa réussite. Voulant adopter une posture qui favorisera l'édification de cette œuvre dans laquelle vous vous investissez et aussi rester fidèle à mon cheminement spirituel, je me vois dans l'obligation de vous proposer ma démission.

Je tiens cependant à annuler mes activités du samedi matin et à mettre ces heures au profit des élèves de la neuvième si cela peut se faire. Je veux par cet acte faire preuve de loyauté et aussi de profond respect à l'égard des années d'existence de cette grande famille.

Dans l'attente de votre réponse afin que ma décision prenne effet, veuillez recevoir, monsieur le Directeur, mes respectueuses salutations.

Emmanuel Junior Montina

Ce à quoi il m'a répondu qu'il prend en compte ma décision et qu'il me donne rendez-vous lundi matin pour clore le contrat. Lundi matin, j'étais stressé et je me suis préparé pour bien affronter la situation. Cependant, il m'a reçu avec beaucoup de respect encore une fois et avec beaucoup d'affection aussi. Ce jour-là, j'ai compris qu'il avait beaucoup de considération pour moi de par la façon dont il m'a parlé et il me l'a dit clairement. Il m'a fait comprendre qu'il croit en mes capacités et qu'il n'hésiterait pas à faire appel à moi au cas où il aurait besoin de moi. Sincèrement, je voulais le serrer dans mes bras… mais je n'ai pas osé.

Une longue histoire juste pour vous dire que j'avais déjà pris la décision de ne plus me raser, j'étais donc prêt à assumer les conséquences de ce choix. Ce directeur a toujours une très grande considération à mes yeux : il m'a beaucoup aidé à construire une expérience et m'a accompagné dans plusieurs projets éducatifs. Je lui dois gratitude et respect vitam aeternam.

Ainsi a commencé l'aventure des cheveux. J'ai commencé par me coiffer de différentes manières jusqu'au jour où j'ai décidé d'en faire des dreadlocks. Je ne suis pas un rasta. J'aime bien ce mouvement, mais je n'en fais partie. Je me rappelle du jour où je devais pour la première fois, aller à l'autre école où je travaillais avec les cheveux coiffés, une coiffure atypique que j'ai fait à l'aide d'un ceinturon car les cheveux étaient abondant et très peu malléable, je ne savais pas comment on allait me voir.

J'étais encore disposé à démissionner si on ne voudrait pas m'accepter avec mes cheveux et devenir carrément presque sans emploi. Mais ce jour-là, j'ai découvert un passage de la bible publié par Félix sur son statut de WhatsApp ; je ne me rappelle ni de la formulation exacte, elle était en anglais, ni de la référence. C'était quelque chose du genre : « La route que tu vas faire et pour laquelle tu t'inquiètes, Le Créateur a déjà mis des pèlerins qui sont là en train de t'attendre pour te tendre la main ». Chose inattendue, la Directrice de cette école était la première personne à me donner un accueil chaleureux ce jour-là en me disant qu'il aimait bien ma coiffure. J'ai donc ressaisi mon courage et ma foi et j'ai commencé l'aventure en toute assurance.

Depuis lors, des pèlerins de part et d'autre n'ont pas cessé de me tendre la main et j'ai encore fait des pas et des pas sur la route. C'est à ce moment que j'ai pu comprendre cette parole : « C'est la bénédiction de l'Eternel qui enrichit et Il ne la fait suivre d'aucun chagrin ». Dois-je répéter que cette parole veut dire que ce n'est pas un patron, un boulot, un poste qui enrichit, mais la bénédiction de l'Eternel ? Certains me disent que je ne pourrai pas entrer n'importe où avec ce mode de coiffure. Ce à quoi je réponds « je n'ai pas besoin d'entrer n'importe où car je ne suis pas n'importe qui ». Je n'ai jamais regretté d'avoir pris cette grande décision. Mais contrairement à ce que l'on pourrait croire, je n'ai pas un attachement particulier pour les cheveux, c'est juste que je tire beaucoup d'avantages de cette coiffure et ça me va jusqu'à présent puisque je ne me soucie pas vraiment de paraître attrayant physiquement aux yeux des autres. Ceux qui doivent m'aimer m'aiment sans trop savoir pourquoi ils m'aiment.

Voici les quelques avantages que j'en tire : Pas besoin de passer une brosse ou un peigne tous les jours, parfois les cheveux restent attachés par un simple lacet durant trois ou quatre jours. Pas besoin de se débattre plusieurs fois par années avec des cheveux coupés et restés collés sur le corps, ça gratte et ça pique. C'est une façon aussi de vivre le naturel, laisser les cheveux pousser. Parfois on me demande pourquoi je ne les coupe pas, je réponds que je n'ai aucune raison de les couper. Les couper est l'exception car je ne fais aucun effort pour qu'ils poussent par eux-mêmes. Les cheveux en dreadlocks sont également un symbole de liberté dans un monde où l'on se travestit pour bénéficier de quelques sympathies... Lavage simple, pas de teinture, pas de rasage, pas de produits spéciaux.

Décision de m'approcher du minimalisme

Dès mon plus jeune âge, j'avais le souci d'être élégant. D'ailleurs, ma mère, étant styliste, s'occupait soigneusement de ce que nous portons pour aller à l'église ou quelque part d'autre. Ainsi donc, pendant très longtemps, je ne pouvais absolument pas m'habiller négligemment. Je me rappelle de la façon dont j'étais contrarié un jour où tous mes vêtements étaient froissés. J'avais du mal à m'imaginer portant un pantalon sans pli de repassage même pour rester à la maison.

En grandissant, mes priorités se sont légèrement, puis fortement changés. Après l'assassinat de mon père le 19 janvier 2012, je m'étais dit est-ce qu'il valait la peine de vivre avec tous ses complexes. C'est en ces moments que j'ai commencé à porter des vêtements non repassés mais jusque-là pas trop froissés. Un deuxième assassinat m'a frappé de très près, celui de mon ami, camarade de classe, Jean-Eric Moncher, avec qui j'avais beaucoup de projets. Nous travaillions ensemble dans l'association « Jeunesse Authentique, Une Vison Intellectuelle, Sociale et Evangélique », dont nous étions des membres fondateurs. En cinquième année d'université, tout comme moi, il est passé sous les balles de bandits un 14 ou 15 août 2016. Je ne me rappelle pas vraiment de la date. Ce deuxième choc frontal m'a poussé à me questionner sur beaucoup de choses notamment les complexes que je trainais dans ma vie, certaines prétentions, voire plus simplement le sens de mon existence. Il paraît tellement facile de sortir et de ne pas rentrer chez soi, je me demande s'il ne faut pas que je me focalise davantage sur des choses qui méritent mieux mon attention.

C'est à ce moment que j'ai cru qu'il y avait une urgence de me positionner par rapport à la mort. Je pouvais la définir biologiquement ou même spirituellement, j'en avais aussi une conception mais jusque-là je n'y avais pas encore défini ma propre position. J'entends par définir ma propre position avoir une manière propre de voir et de concevoir ce phénomène qu'est la mort. À défaut de la comprendre en tant que telle, je pense que je devrais, au moins, me réconcilier avec cette réalité qui m'avait déjà frappé et qui me frapperait encore. C'est alors que j'ai commencé la lecture du livre « Enquêtes sur l'existence des anges gardiens » de Pierre Jovanovic. Un livre où l'auteur, à travers divers témoignages, au-delà des traditions et des cultures, fait le point sur des caractéristiques communes vécues par des personnes qui ont fait l'expérience de la mort imminente (Near Death Experience ou NDE en anglais).

Après la lecture de ce livre de plus de cinq cents pages, je me suis consolé le cœur en attendant que je trouve encore d'autres explications du moins aussi vraisemblables que ce que j'ai lues. La mort est une traversée. Un changement d'état... Toutes ces nouvelles conceptions n'ont pas laissé ma vie inchangée. C'était probablement la première fois que je me disais que je devrais me dépouiller de certaines habitudes... Comme celle de me soucier de mon apparence.

Je me faisais quand-même le plaisir de porter des vêtements et chaussures de mon goût, c'est-à-dire robustes, aptes à courir et à faire des exhibitions. J'en achetais assez souvent, à chaque fois que c'était possible. Là où je travaillais, d'habitude, je n'y allais pas deux fois dans une semaine portant la même tenue. J'avais la possibilité de choisir parmi mes quelques dizaines de chemises et pantalons et plus de dix paires de chaussures… Jusqu'à ce moment, ne me souciant pas de mon apparence soignée, je nettoyais presque pas mes chaussures, mes vêtements étaient très rarement repassés, mais j'en avais en abondance.

Pour arriver à la décision de réduire la quantité de mes vêtements, je suis passé à un premier stade où j'ai arrêté tout nouvel achat. Je m'étais dit que j'en recommencerais cinq ans plus tard. Puis un beau jour j'ai décidé de débarrasser la chambre en la réduisant à l'essentiel. J'ai gardé 7 chemises, moins de 5 maillots, moins de 5 pantalons et 2 chaussures. Le reste, j'en ai jeté une partie, donné une autre à des personnes qui en avaient besoin et une dernière partie est restée pour assurer le remplacement.

Depuis cette grande décision, je me sens tellement léger. Je sais déjà que chaque semaine je reporterai les mêmes chemises, moins de stress à chercher parmi des dizaines laquelle je porterai. L'une de ces fameuses chemises remonte depuis janvier 2011, aujourd'hui, en 2022, je la porte au moins une fois chaque semaine et il semble qu'elle est encore là pour quelques années.

Tandis que le monde offre tellement d'options, il faut bien voir s'il n'est pas déjà mieux de vivre proprement égal à soi-même. Moins de comparaison, plus d'authenticité.

Il faut dire que d'une certaine manière, j'ai été pendant bien longtemps minimaliste. Surtout en matière de gadgets technologiques. J'aime bien bricoler, faire de nouvelles expériences ; donc j'aime collectionner les vielles pièces, appareils en panne etc… mais quant à l'usage personnel, je fais toujours l'effort de limiter ma dépendance des outils. Par exemple, lorsque j'avais un smartphone, je n'avais jamais utilisé de carte mémoire et sa petite mémoire interne de 4 GB n'était jamais saturée. Le secret : Je vide tout le temps le contenu.

Pourquoi conserver des centaines de photos sur un simple téléphone ? Aurai-je vraiment besoin de tous ces fichiers à l'avenir ? Je n'ai jamais supporté l'idée qu'un matériel si fragile qu'un téléphone puisse me fournir « tout ce dont j'ai besoin » pour reprendre le mensonge de certains publicistes. Je n'avais aucune musique sur mon téléphone. Pour écouter de la musique, j'attends que je sois à la maison, j'allume calmement mon ordinateur et je prends le temps d'écouter et de chanter…

Pour la planification de mes journées, j'utilise une feuille pliée en quatre que je porte dans la poche de ma chemise. Bien plus pratique qu'un agenda électronique conçu pour capter l'attention. Je crois qu'il est bon d'avoir des appareils « multitâches » mais je crois aussi qu'il vaut mieux ne pas dépendre totalement d'un seul appareil.

C'est pourquoi je fais une sorte de décentralisation. L'ordinateur fait son travail. Le téléphone n'est que téléphone bien qu'il soit radio une fois par semaine. Le routeur reste routeur. L'agenda est dans ma poche. Un enregistreur, qui ne risque pas d'interrompre mon travail comme le faisait le téléphone quand il prétendait assurer la tâche. Du papier pour écrire ou dessiner quand il le faut... À force de décentraliser mes différentes tâches vers des appareils plus spécifiques, chacun suivant son domaine, aucun d'eux ne devient indispensable pour moi.

Décision de ne pas rire de toutes les blagues

Je crois que pendant très longtemps, l'une des caractéristiques qui me décrivaient le mieux est ma disposition à rire et sourire. Certaines personnes qui m'ont connu quand j'étais petit se rappellent facilement de moi juste en revoyant mon sourire. Ton sourire n'a pas changé, me dit-on assez souvent. Je me souviens d'un camarade à la faculté, avant de donner une blague, a dit que peu importe si la blague serait naze car il sait déjà que j'allais en rire. Mes parents racontent que j'avais l'habitude de sourire par moment même étant endormi.

Je souris tout le temps, seul, au travail, face à un danger parfois, c'est plus fort que moi parait-il. On me demande pourquoi, dans la rue, en marchant ou en conduisant, que je souris sans aucune raison visible. Moi, je ne sais pas vraiment. Même le lendemain de l'assassinat de mon père, après avoir passé un moment dans la matinée à pleurer en présence de mes camarades ; durant la journée, je n'avais pas perdu mon sourire. Une patronne m'avait dit un jour : « Tu souris tout le temps toi ? », ce à quoi j'ai répondu « oui » en souriant. Mes élèves n'ont jamais réussi à comprendre l'énergie qui m'anime en entrant dans la salle toujours souriant. Et ce, même en prenant des décisions pas trop joyeuses comme l'application d'une sanction. Je sanctionne et je garde mon sourire. Pour moi, ne pas perdre son sourire est une chose sacrée. C'est une façon de garder le contrôle dans les situations difficiles. Il semble que les bienfaits du sourire sincère ne sont plus à prouver, c'est même une grande thérapie pour le corps et l'esprit.

Je ne comprends pas que les gens soient plus disposés à avoir mauvaises mines quand ils sont seuls ou quand ils se concentrent sur un travail ; j'ai toujours ressenti un énorme plaisir à être sérieux et souriant à la fois. Pour le rire aussi, je sais que je ne suis pas moins bizarre. Je ris quand je rencontre mes amis. Je me rappelle du jour où mon sac a été volé à la faculté. J'ai reçu, quelques minutes après, la visite d'une amie qui a su la nouvelle avant d'arriver. En me voyant, souriant et riant à son accueil, elle a dit : « Heureusement que tu as retrouvé le sac » ; ce à quoi j'ai répondu « Mais non ! ». Elle m'a regardé et a dit : « Et tu as le courage de rire ? » ; je lui ai dit : « Je suis content de te voir, n'est-ce pas une bonne raison pour rire ? »

Cela peut laisser croire que je souris et ris en toutes circonstances. Aucunement. J'ai toujours appris à m'accrocher à certaines valeurs fondamentales. Elles définissent mes choix et orientent ma vie en générale. Sur ce, je n'ai jamais supporté l'idée d'ironiser mes fondements. J'ai fait le choix de ne pas rire de certaines blagues qui vont à l'encontre de mes convictions. Je sais que cela donne l'impression que je ne suis pas assez cool, surtout quand la blague est à la mode et que tout le monde en rit sans hésitation. Personnellement, je n'hésite pas à exprimer mon désaccord face à une plaisanterie et d'inviter l'interlocuteur à recadrer son propos. Peu importe qu'il soit un supérieur hiérarchique, un ami ou un inconnu. Ainsi donc, je ne ris pas des commentaires mettant en valeur la médiocrité, l'injustice, la lâcheté, la corruption, l'immoralité, ou autres choses du genre. En tant qu'Haïtien, je comprends mal que des individus espèrent trouver mon sourire en proférant des propos ridiculisant ma nationalité.

Je crois aussi que j'ai eu la chance de comprendre que le rire n'est pas toujours quelque chose de sain. Il est assez facile de faire la différence entre quelqu'un qui rit parce qu'il est heureux et quelqu'un qui rit pour être heureux. Le premier partage son expérience de bonheur avec les autres, il a quelque chose à offrir ; il est libre, sensible et il ne se force pas à rire. Le second vole quelque chose auquel il n'a pas droit ; il se moque des autres pour rire de leur malheur, il se force à faire semblant et n'a pas le temps d'analyser les situations, plaisantes ou méchantes, ni de se contrôler : il n'est pas libre car il est à la merci de tout ce qu'il peut transformer en un objet de moquerie, il n'est pas sensible car son obsession le conduit à une perte d'attention et il est facile pour lui de s'induire en erreur.

Décision de ne pas utiliser certains mots

Pendant longtemps, j'ai cru que le monde était juste. Je pensais que ceux qui vendent des produits alimentaires se souciaient vraiment de notre alimentation comme ils le prétendent dans les publicités. Je croyais que la médecine était destiné à améliorer la santé des gens, que les institutions judiciaires à rendre justice, que les regroupements internationaux et les organisations mondiales étaient vraiment préoccupées à travailler pour un monde meilleur…

J'ai pris du temps, trop de temps, avant de remarquer, puis de comprendre, que la médecine n'était qu'un métier gagne-pain pour bon nombre de médecins, que les institutions judiciaires n'étaient pas au service de tout le monde, que les regroupements internationaux et les organisations mondiales avaient autre chose à faire que de suivre des règles qu'ils ont fabriquées juste pour imposer une politique qui leur est rentable.

Dans un premier temps, j'ai été choqué ; puis j'ai commencé à tout remettre en question : le système éducatif, le système sanitaire, le système judiciaire, nos croyances, et tout ce à quoi nous sommes exposés constamment. Comment se fait-il que des gens meurent de faim où il y a de grandes surfaces de terres cultivables ? Comment se fait-il qu'il y a abondance d'une part, et la plus grande pénurie d'autre part ? Pourquoi certains ont-ils le droit de se tromper et pas d'autres ? Pourquoi continue-t-on avec une méthode qui donne plus d'échecs que de succès ? Pourquoi l'eau et la nourriture sont-elles payantes ? Pourquoi l'État, supposé souverain, a-t-il des patrons pas trop catholiques ?

Face à ces innombrables questions qu'on nous interdit de poser sous prétexte qu'elles ne sont pas importantes, j'ai pris la résolution de m'engager à changer le monde. Un monde meilleur, telle était ma destination. Confronté à un ensemble d'incompréhensions de la mission que je m'étais donnée, j'ai résolu de m'y engager davantage sachant que tout le monde ne fera pas partie du monde meilleur et que certains y sont déjà. D'où je parle du Nouveau Monde, ce n'est pas pour dire qu'il viendra au terme d'un ancien mais qu'il est nouveau par rapport à la façon à la mode de présenter le monde.

Pour mieux cerner ce dont je parle, lisez le texte le Nouveau Monde.

Le nouveau monde

Le nouveau monde, pour nous, n'est pas un rêve. C'est notre réalité de chaque instant. Ce que les autres ne voient pas est constamment devant nous. Notre idéal dépasse les bornes du temps et de l'espace. Dans tous les siècles, sous diverses formes, nous constituons le nouveau monde. Sa fondation a pour base un monde imperceptible par les sens, inaccessible par les vaisseaux ; c'est pourquoi aucune arme ne peut l'attaquer.

Suivant les époques nous portons des noms différents, nous luttons avec d'autres stratégies, mais la cause profonde est toujours la même. Nous ne sommes jamais trop petit, ni trop vieux, ni trop peu nombreux pour poser nos pierres, pour continuer la voie de nos prédécesseurs. Rien ne peut nous arrêter. Nous sommes les bâtisseurs du nouveau monde. Quand certains nous cherchent ici et là, nous sommes ailleurs. Forts plus que jamais. Insaisissables.

Le nouveau monde n'est pas un monde après un autre. C'est un monde au-delà de tous les mondes. Certains, à tort, l'appellent utopie ; mais comme dirait un des nôtres « En fait, quand le monde est sombre et confus, comme il l'est aujourd'hui, nous avons à soutenir notre croyance ultime par une fiction superbe. ». D'ailleurs, très souvent la réalité et la fiction se confondent selon le point de vue.

Et notre démarche ne reste pas là. Nous agissons et les autres s'émerveillent. Nous faisons reculer certaines choses et avancer d'autres. Nous changeons le cours de l'histoire. Nous l'avons déjà fait plusieurs fois. Nous construisons des brèches dans les civilisations et nous faisons des libérés élevés. Sur des objets profanes, nous déposons des clés de passage au nouveau monde. Et quand vient le temps pour l'un d'entre nous de changer de niveau, notre fondement s'affermit davantage.

Sommes-nous parfaits ? N'avons-nous pas nos contradictions ? Le fait même de s'améliorer constamment veut dire que nous ne sommes pas toujours satisfaits de nous-mêmes.

Source intarissable. Vagues puissantes. Mer infinie.

Quelle que soit l'époque, quelle que soit la mode, quel que soit le courant, quel que soit l'endroit, quelle que soit la force... Nous restons proprement nous-mêmes. Nous sommes les bâtisseurs du nouveau monde. Nous sommes le message que nous portons.

Étant bâtisseur du Nouveau Monde, je profite de chaque opportunité pour poser des pierres et faire avancer la cause. Ce qui se justifie d'ailleurs par mes initiatives. Une bonne façon de contribuer à l'édification et au renouvellement de ce fameux monde meilleur est d'une part, éviter les tendances du monde à la mode et, d'autre part, investir dans le nouveau monde par ses compétences.

C'est pourquoi, je refuse certains débats futiles, stériles et sans avenir.

C'est ainsi que j'ai décidé de ne plus utiliser certains mots, comme l'a dit l'autre « celui qui impose son vocabulaire impose sa pensée ». Ma décision est tellement ferme que je ne pense pas pointer ces mots fabuleux, travestis, déguisés pour nous berner. Une lecture de ce texte « Construire son lexique » permettra de mieux comprendre ma conviction.

Construire son lexique

Nous ne sommes pas sans savoir que chaque mot a une histoire. Il y a même des études qui se focalisent spécifiquement sur le contexte d'évolution des mots du point de vue orthographique, phonétique voire comment tel mot a changé de sens au cours de son évolution. Loin de nous l'idée de faire un cours de grammaire ou d'étymologie mais il convient de faire attention (beaucoup plus d'attention) au vocabulaire que nous empruntons pour nous exprimer sur un sujet donné.

Comme nous l'avons déjà dit dans l'un des numéros du magazine SVM SVMVS, il nous faut de nouvelles mesures des choses. Et puisque la parole, au sens large, est puissante, pour changer les choses il convient de prendre soin de construire son lexique. Car les mots que nous employons sont en général déjà connotés sur un modèle qui n'est pas le nôtre. Alors prenons le temps d'utiliser un vocabulaire spécifique et propre car cela rendra le message clair et sans équivoque.

Voyons ces quelques cas :

Dans le monde à la mode, il y a certains qui jouissent des privilèges, des voitures bruyantes, des prétentions d'une part et des flatteries d'autre part au nom d'un ministère. Cependant, un ministre, selon le sens réel du mot, est un serviteur, un délégué pour une tâche spécifique et non un opportuniste corrompu.

Que dire de la Puissance Nationale d'Hostilité qui ne protège que ses vices ? Ou du Mythe de la Santé Publique pour le Pouvoir ?

Enfin, sachez que si vous avez peur des choses identiques c'est que vous êtes homophobe (homo : même, phobie : peur). Par exemple, vous pouvez être effrayé à l'idée de voir deux exemplaires d'un même livre ou encore vous ne supportez pas l'amitié avec des jumeaux. Toutefois, ce n'est pas difficile de surmonter cette peur quand on sait que les deux pareils ne sont jamais parfaitement pareils ; il y a toujours un qui est à droite, en haut ou en avant tandis que l'autre est à gauche, en bas ou en arrière...

Soyez tranquille, prenez le soin de bien définir votre lexique.

Ne vous fiez pas aux définitions sponsorisées que vous avez déjà entendues de certains mots, elles ne sont pas innocentes. Construisez votre propre lexique !

Les trois textes qui suivent traduisent aussi comment je crois qu'il est important de se fermer à un certain monde afin d'avoir le temps et les ressources pour s'ouvrir à un monde juste, authentique et digne.

« Pourquoi l'arc-en-ciel ? » Pour rafraîchir la mémoire de la place de l'arc-en-ciel, comme son nom le dit, qui n'est autre que le ciel. L'admirer, le contempler loin du marchandage propagandiste et de l'emblème de perversion.

Pourquoi l'arc-en-ciel ?

Pourquoi ce marchandage avec l'arc-en-ciel ?
Cette tendresse qui décore le ciel
La beauté de toutes les générations
Ces couleurs de mille et une traditions
Pourquoi ravir quelque chose de si haut ?
Tandis qu'il n'a ni frontière ni drapeau

Le mystérieux arc placé parmi les nuages

Sur qui se fondent toute sorte de mythe

Illustrant le monde et glorifiant les âges

Libre de la mode et libre de tout rite

De cet enfant dessinant les sept couleurs

Au savant qui a su l'expérimenter

Le soleil et la pluie offrent ce bonheur

D'observer la lumière décomposée

C'est l'arc-en-ciel de Lumane Casimir

Et l'arc-en-ciel de toute l'humanité.

L'arc-en-ciel du passé et de l'avenir

Est trop généreux pour être détrôné

« Dilemme des mondes » pour tous ceux qui croient encore, comme je l'ai cru pendant longtemps, que le monde est juste, que les affichent disent vrai. Un texte pour leur proposer d'observer qu'il est déjà assez tard et qu'il faut commencer dès maintenant.

Dilemme des mondes

Dis-moi, pourquoi ris-tu comme tu pleures ?
Ta source des deux côtés se défile
Mon amie, n'aies pas honte d'avoir peur
Même Achille avait un talon fragile

Où vas-tu trainant toutes ces blessures ?
Ce monde à la mode t'est trop hostile
Tandis que tu répares ton armure
L'autre monde t'offre un doux domicile

Défaits-toi de tes vieux habits de guerre
Sors du courant, dessine ton chemin
Sois pure, laisse briller ta lumière
Et dépouille-toi de ces maudits liens

Ouvre ton cœur et tu pourras mieux voir
S'il faut rester ou avancer d'un pas
Toutefois, ne cours pas car il est tard ;
Il faut donc vivre un instant à la fois.

« Battus par les flots » mais ne sombre pas pour exprimer une pensée spéciale à ceux qui subissent ou qui ont subi méchanceté, injustice et abus mais, malgré tout, ne sombrent pas.

Battus par les flots mais ne sombre pas

Tomber et se lever à chaque fois
Ne peut rien garantir aux prochains flots.
Tu sais déjà comment rire aux éclats,
Alors accepte tes pleurs en sanglots.

Ne t'adapte pas au monde à la mode
Quand tu peux créer un autre meilleur.
La nature t'a donné tant de code ;
La clé est l'intelligence du cœur.

Ne perds jamais ta sensibilité.
Puisqu'il ne suffit pas d'avoir des yeux,
Ouvre-toi aux autres réalités
Et commence à vivre de meilleurs vœux.

Pense au passé et aux générations
Qui ont jusque-là affecté ta vie ;
Et Pense à l'avenir de la nation
Que tu peux impacter dès aujourd'hui.

Une des grandes décisions que j'ai dû prendre est de ne pas tout dire ici. Les raisons sont multiples : je ne me souviens pas de tout ; je ne peux pas raconter tout ce dont je me souviens, cela me coûterait toute une vie ; parmi ce dont je me souviens, une partie mérite d'être connue, un autre mérite de rester dans l'ombre. Comme je l'ai traduit dans un texte intitulé « La sagesse de l'ombre », tout ne mérite pas d'être sous les projecteurs. Lisez le texte :

La sagesse de l'ombre

La lumière, toujours présentée comme une bénédiction, est-elle la seule apte à nous gratifier des bonheurs de l'existence ? D'une certaine manière, sans même le savoir, nous opposons la lumière à l'ombre, comme nous opposons le succès à l'échec, le bonheur au malheur. N'est-ce pas une vision trop simpliste réduisant nos réalités à de simples jeux de confrontation ? S'il est vrai que notre cheminement en tant que pèlerin va forcément dans un sens, il n'est pas pour autant rectiligne ou formaté suivant une logique symétrique.

Sur ce, nous devons prendre le temps de considérer la chose, l'objet et ce qu'il conviendrait d'appeler l'opposé de chacun. L'opposition étant d'abord une relation définie et non absolument un principe incontournable. C'est ainsi que nous prenons deux concepts, et parmi les liens qu'ils peuvent entretenir, il y a l'opposition. Cela ne va pas de soi. Et savoir définir une chose ne garantit pas savoir définir son opposé. Il revient alors de considérer chaque chose proprement. (Voir l'article « Principe d'identité » du Magazine SVM SVMVS No 40).

Partant de cette motivation d'apprécier les choses telles qu'elles sont et non telles qu'elles devraient être, nous serons plus aptes à mieux définir notre propre position par rapport à certaines choses ou... à ne pas la définir par rapport à certaines autres. Oui, nous avons le droit, le pouvoir, le devoir de ne pas entrer dans la danse à la mode sous prétexte d'inclusion généralisée. Car si nous pensons réagir face à tous les stimuli, nous n'aurons plus le temps de nous engager sur la voie qui est vraiment nôtre. Sur ce, il est important de suivre la lumière, celle qui nous guide et non celle qui nous aveugle, mais aussi de savoir rester dans l'ombre, celle qui nous protège quand nous soignons nos blessures, celle qui nous laisse le temps de grandir loin des confettis, loin des vacarmes, c'est-à-dire plus près de chez soi. (Voir le texte « Rentrer chez soi » du Magazine SVM SVMVS No 35).

Le corps est généralement assimilé à notre partie visible. Mais est-il tout à fait visible ? Tout comme nous considérons la pensée invisible, et cela n'empêche que nous disons « Je vois » pour exprimer notre compréhension par rapport à une idée exprimée. « Voyons » la complexité curieuse et intéressante de ces banalités que nous croyions à tort maitriser et qui, jusquelà, reste à découvrir. L'infime partie visible de notre corps repose sur un ensemble de mécanismes que nous faisons confiance sans que nous ne sachions comment ils fonctionnent réellement. Il en est de même pour notre système, sa partie visible est celle que nous « voyons » à travers ce que nous pouvons appeler une certaine concrétisation. Mais fondamentalement, notre système est dans l'ombre, c'est là qu'il se développe, qu'il prend forme et force. Ces liens incontrôlables et difficiles à cerner trouvent leur sens dans un ensemble de mécanismes complexes, profonds, et qui, resteront à l'ombre de la sagesse de notre idéal afin qu'ils soient encore plus fermes et qu'ils nous inspirent à bien expérimenter la sagesse de l'ombre.

Pèlerins, sagement dans l'ombre.

Et voilà!

J'ai fait un grand pas pour exposer ces décisions, tout à fait personnelles, en principe qui ne vous concernent pas... mais je crois que la simplicité de la rédaction peut vous toucher en tant que personne qui a aussi, dans certains moments, pris de grandes décisions.

Je n'ai nullement l'intention d'être un modèle, encore moins un coach de vie. Je ne suis qu'un simple être humain, né Haïtien et devenu Sumsumusyen.

Si la lecture de ceci vous aide à persévérer dans une bonne décision ou à revoir une mauvaise, mon travail ne sera pas vain.

Attention!

Comme l'a dit un grand maître, l'art véritable est sans but. Je ne suis pas sûr de comprendre ce que cela veut dire exactement. Toutefois, ma perception personnelle me permet d'en déduire que « le but » fixé et figé auquel nous aspirons souvent est une source de frustration et qu'il y a bien d'autres bonheurs en dehors de ce que nous cherchons avidement. Sur ce, le présent texte ne vise pas un but en particulier. C'est un soupir libéré sans aucune attente.

Tout au long des lignes, j'ai exposé de grandes décisions qui m'ont vraisemblablement conduit là où je suis. Je suppose que là où je suis est le résultat d'un ensemble de détours, de retours, d'accélération et de freinage. J'ai abandonné ceci et j'ai abandonné cela jusqu'à ce que je sois là où je suis. Ces abandons sont faits sans aucune contrainte religieuse, médicale ou sociale. Ils sont faits librement, en toute simplicité.

Sur ce, l'idée n'est pas de les exposer pour attester une certaine performance. Ce sont des abandons et non des interdictions. Je peux en toute liberté recommencer, tester ou changer d'avis par rapport à l'un ou l'autre de ces choix. Comme l'a dit l'autre : « Il n'y a que Dieu et les imbéciles qui ne changent pas, disent les imbéciles quand ils changent ».

Épilogue

Toutes les décisions sont des dépouillements

En commençant ce texte, je ne voulais que parler de ces décisions qui étaient pour moi des actions de dépouillement. Vous pouvez remarquer que toutes sont exprimées sous formes d'abandon, d'arrêt ou de ralentissement. Mais à bien y réfléchir, je me demande si toutes les décisions, aussi petites ou grandes soient-elle, ne sont-elles pas des dépouillements. Je le crois fortement. De plus, je crois que le fameux déciosiomètre dont je parlais au début, s'il existait, prendrait en compte probablement l'effort consenti pour prendre une décision afin d'évaluer son importance. Un autre facteur à considérer serait les conséquences de la décision prise ; mais je pense que les retombées d'une décision permettent davantage de dire si cette dernière était bonne ou mauvaise que de dire si elle a été petite ou grande. De ce fait, je crois qu'il est juste de dire que la grandeur (dans le sens de grosseur) d'une décision est proportionnelle à la grandeur (toujours dans le même sens) de l'effort fourni pour la prendre.

Mais pourquoi les décisions requièrent-elles un certain effort si ce n'est que pour laisser tomber certaines choses ? Le plus compliqué à comprendre c'est qu'on ne laisse pas tomber quelque chose juste en le laissant sous l'effet de la gravité. Cet acte de dépouillement, généralement occulté par la mode, est on ne peut plus important voire indispensable pour accéder au mieux-être. À chaque fois que vous avez à prendre une décision, regardez combien son degré de difficulté dépend directement de ce que vous devrez laisser tomber. Lors même que vous ne penserez qu'aux nouvelles habitudes difficiles qu'il vous faudra adopter, voyez comment elles sont difficiles parce qu'elles vous demandent de laisser un certain confort et une certaine assurance.

Je crois que finalement, face à une décision importante qui pourrait faire basculer notre vie d'un côté ou de l'autre, ce que nous craignons le plus c'est de ne pas perdre en vain ce que nous avons déjà. C'est ainsi que, à force d'avoir peur de l'inconnu, nous restons souvent coincés dans une situation assez connue mais quand-même trop étouffante. Je sais que tous les cas ne sont pas au même niveau, et telle décision n'induit pas le même risque que telle autre ; cependant, si nous tenons à vivre, ne serait-ce sans aucune ambition, il faudra tôt ou tard déjouer l'inertie et tenter autre chose, donc se dépouiller de quelques acquis quoiqu'ils soient assez certains.

Pas besoin d'être un grand observateur pour remarquer que ces mêmes « acquis » sont en grande partie des impositions d'un système auquel nous n'aimerions pas faire partie idéalement. Alors, pourquoi continuer à l'alimenter par nos indécisions. Le verbe indécider n'existe pas formellement, c'est peut-être parce que nous ne faisons que ça. Nous indécidons plus que nous respirons. Nous ne respirons que de l'air, qu'il soit pollué ou payant ; mais nous indécidons de ce que nous mangeons, de ce que nous buvons… de ce que nous vivons en générale.

Pour finir, je dois dire qu'il a toujours été difficile, voire inconcevable pour moi, d'écrire un texte si personnel (hormis certains de mes textes poétiques) sur un sujet que j'estime si universel et même assez technique. La décision d'adopter cette posture à la première personne du singulier a été d'un certain effort m'obligeant à affronter d'éventuels critiques et également de laisser derrière moi (ou juste à côté pour l'instant) quelques complexes. Nous sommes plusieurs milliards d'humains sur la terre, je ne suis qu'un parmi tant d'autres ; mais comme vient de me dire mon amie Theressa, si l'un de ces humains prend la peine d'écrire pour partager ses expériences, c'est parce que déjà il se voit connecté aux autres. Puisse ces écrits renforcer les liens authentiques qui nous unissent.

Bien reçu ? Cinq sur cinq ? Alors à vous maintenant !

Prenez de grandes décisions et aussi celle de les partager si vous en sentez le besoin.

Haïti, octobre 2022

Pour se renseigner du Mouvement SVM SVMVS

WhatsApp: +509 3414-2602

Web : www.clubsocialhaiti.org

Telegram: @clubsocialhaiti

YouTube: SVM SVMVS

Facebook: SVM SVMVS

Twitter: @svmsvmvs

Instagram: @svmsvmvs

Pour me contacter personnellement :

ejmontina93@gmail.com

Pour partager le contenu :

https://drive.google.com/drive/folders/1cN0ilGGmLk8jIi9QLyfV2W3oeJzVpUC1?usp=drive_link

Made in the USA
Middletown, DE
05 July 2024